NOTE SUR

LOUIS-HENRI DE LOMÉNIE
COMTE DE BRIENNE

(1636-1698)

Sa Mort a l'Abbaye de Saint-Séverin
de Chateau-Landon

PAR

Adrien Dupont

AVEC UNE PLANCHE HORS TEXTE

ET FAC-SIMILE DE SIGNATURES

FONTAINEBLEAU

MAURICE BOURGES, IMPRIMEUR BREVETÉ

32 — rue de l'Arbre-Sec — 32

1906

NOTE

SUR

LOUIS-HENRI DE LOMÉNIE

COMTE DE BRIENNE

*Tiré à 5o exemplaires seulement
sur papier de Hollande Van Gelder,
la planche sur Japon impérial.*

N° 

NOTE SUR

LOUIS-HENRI DE LOMÉNIE

COMTE DE BRIENNE

(1636-1698)

Sa Mort a l'Abbaye de Saint-Séverin
de Chateau-Landon

PAR

ADRIEN DUPONT

AVEC UNE PLANCHE HORS TEXTE

ET FAC-SIMILE DE SIGNATURES

FONTAINEBLEAU

MAURICE BOURGES, IMPRIMEUR BREVETÉ

32 — rue de l'Arbre-Sec — 32

1906

A MADAME

Aimée-Marie-Louise DUPONT

NOTE

SUR LOUIS-HENRI

DE LOMÉNIE COMTE DE BRIENNE[1]

(1636-1698)

SA MORT A L'ABBAYE DE SAINT-SÉVERIN
DE CHATEAU-LANDON

N 1698 « mourut M. de Brienne, l'homme
» de la plus grande espérance de son
» temps en son genre, le plus savant, et
» qui possédait à fond toutes les langues

---

1. De Loménie de Brienne : *Écartelé, aux 1 et 4, d'or à deux vaches
passant de gueules, accornées, colletées, clarinées et onglées d'azur l'une
sur l'autre* (qui est Béon), *aux 2 et 3, d'argent au lion de gueules, armé
et couronné d'or, lampassé d'azur* (qui est Luxembourg). *Sur le tout des
quartiers : d'or à l'orme de sinople posé sur un tourteau de sable et au
chef d'azur chargé de trois losanges d'argent* (qui est Loménie). L'écu,
soutenu de deux lions, avec couronne comtale surmontée d'un casque au
cimier d'une Mélusine. — Louis-Henri conserva, sans les briser de celle
des Bouthillier-Chavigny (*d'azur à trois fusées d'or accolées en fasce*), les
armoiries de son père Henri-Auguste; elles sont du moins ainsi gravées
par J. Lenfant au bas de son portrait (Voir ci-dessous). Loménie est situé
près de Flavignac (Haute-Vienne).

Le hasard des ventes d'autographes et la dispersion d'une bibliothèque
régionale qui nous ont apporté quelques documents sur ce personnage
nous ont incité à les reproduire ici avec un simple commentaire. Nous
n'avons pas la prétention d'établir la biographie de Louis-Henri de Loménie-Brienne, encore moins d'élucider les points obscurs de son existence, les intrigues de la cour où il vécut sa jeunesse, ni les causes réelles
de sa disgrâce, mais seulement d'apporter notre contribution à l'étude de
sa vie encore imparfaitement connue en de certains détails. Nous ren-

» savantes et celles de l'Europe[1]. Il eut de très
» bonne heure la survivance de son père, qui avoit
» eu la charge de secrétaire d'État du département
» des affaires étrangères[2], lorsque Chavigny fut
» chassé. Loménie qui vouloit rendre capable de la
» bien exercer son fils qui n'avoit que seize ou dix
» sept ans, l'envoya voyager en Italie, en Allemagne,
» en Pologne, et par tout le Nord jusqu'en Laponie.
» Il brilla fort, et profita encore plus dans tous ces
» pays, où il conversa avec les ministres et ce qu'il
» y trouva de gens plus considérables et en rapporta
» une excellente relation latine[3]. Revenu à la Cour,
» il y réussit admirablement, et dans son ministère,
» jusqu'en 1664 qu'il perdit sa femme[4], fille de ce
» même Chavigny; et sœur de M. de Troyes, de la
» retraite duquel j'ai parlé, de la maréchale Clérem-
» bault, etc. Il l'avoit épousée quatre ans après la
» mort de Chavigny. Il fut tellement affligé de cette
» perte, que rien ne put le retenir. Il se jeta dans
» les pères de l'Oratoire et s'y fit prêtre. Dans les
» suites, il s'en repentit..... et tenta tout ce qu'il put
» pour rentrer à la cour et en charge. Cela ne lui

---

voyons le lecteur désireux de plus amples renseignements aux Mémoires écrits de son temps; à ceux publiés par F. Barrière (2 vol. in-8°, Paris, 1828); aux Dictionnaires biographiques anciens et modernes; à la réimpression de *De Pinacotheca sua* (in-8°, Paris, 1854); aux travaux de MM. Edmond Bonnaffé (in-16, Paris, 1873), Arthur de Marsy (in-8°, Arcis-sur-Aube, 1886), etc.

1. Il pouvait converser en cinq langues, y compris le russe, qui n'était alors autant dire pas connu.

2. Sous Louis XIII.

3. *Itinerarium*. Ce petit ouvrage eut, à Paris, deux éditions devenues rares : 1660, in-12, et 1662, petit in-8°; quoique moins complète, la première est encore la plus recherchée, à cause d'un passage licencieux que Brienne fit supprimer dans la seconde.

4. Au mois de janvier, d'après Moreri (édition de 1725).

» réussit pas; la tête se troubla, il sortit de sa re-
» traite et se remit à voyager. »…..

C'est en ces termes que Saint-Simon[1], à peu près
un des seuls qui en ait parlé, tant il était alors ou-
blié, nous apprend la mort de ce personnage qui fut
quelqu'un à son époque.

Les mémoriaux, les biographes et lui-même, nous
ont volontiers renseignés sur son compte. Fils de
Henri-Auguste de Loménie, comte de Brienne et de
Montbron, baron de Pougy, seigneur de la Ville-aux-
Clercs, et de Louise de Béon[2], que son père avait
épousée en 1623, il naquit, d'après « une note écrite
de sa main, le 13 janvier 1636 »[3]. Filleul du cardinal
de La Valette et de la duchesse de Longueville,
Anne-Geneviève de Bourbon-Condé, sœur du prince
de Condé, diversement célèbre par ses amours et
son jansénisme, il ne manqua point de recevoir les
noms de sa mère et de son père; lors de sa confir-
mation, il prit en outre celui de Joseph[4].

Il n'avait que sept ou huit ans lorsque son père
Henri-Auguste le mit avec son frère Charles-François, en qualité d'enfant d'honneur (1644), auprès du
jeune roi Louis XIV, qui n'avait lui-même guère
plus de cinq ans[5].

---

1. *Mémoires*, tome II, pages 105 et 106 (Édition Hachette, 20 vol. in-8°,
Paris, 1858).

2. Fille de Bernard, seigneur du Massés, gouverneur de Saintonge, et
de Louise de Luxembourg-Brienne: ce fut elle qui apporta, dans cette
famille de Loménie, le titre de comte de Brienne.

3. F. Barrière, Mémoires inédits, *op. cit.*, tome I, page 192. La biographie de Firmin-Didot le fait naître à Paris en 1635.

4. F. Barrière, *op. cit.*, tome II, pages 237 et 238.

5. Idem, p. 217.

Après de fortes études, et pour les parachever, comme il avait obtenu malgré sa jeunesse en août 1651, la survivance de la charge de secrétaire de son père, puis, le 12 septembre suivant, sa nomination de Conseiller d'État, il quitta la France (juillet 1652) pour ce long voyage à travers l'Europe qui débuta par Langres, Besançon, Mayence, Cologne et se termina par l'Italie, durant ainsi plus de trois ans. A son retour, et c'est alors qu'il commence à collectionner sérieusement, il épousa (1656) Henriette Le Bouthillier, fille du Ministre et Secrétaire d'État Léon, comte de Chavigny, femme d'une grande beauté « qu'il aimoit extrêmement »[1].

Bien qu'il n'eut dû exercer effectivement ses fonctions de Secrétaire d'État qu'à l'âge de vingt-cinq ans, au cas d'absence ou de maladie de son père, il n'en avait encore que vingt-trois lorsque le Roi, alors bien disposé en sa faveur, lui en accordait permission; ce fut en cette qualité qu'il assistait au mariage de Louis XIV, à Saint-Jean-de-Luz, le 9 juin 1660.

Mais la période d'infortunes approchait. Moins de trois ans plus tard, lors de la retraite de son père, en 1663, sur l'ordre du Roi, il est mis en demeure de résigner sa charge qu'il dut vendre à perte, dit-il, à M. de Lionne, au prix de 900000 livres[2]. C'était en-

---

1. Moreri, *op. cit.*, art. Lomenie, page 191.

2. F. Barrière, *op. cit.*, tome II, page 225. — « La famille de M. de Lionne, dit Saint-Simon, a encore moins duré que celle de Loménie-Brienne et n'a pas fini plus heureusement; « tel est d'ordinaire le sort des ministres, » conclut-il avec philosophie.

core un beau denier ; mais il avait alors un fils et deux filles[1].

Dès lors, les événements se précipitent. En janvier 1664, sa femme, inconsolable de sa démission, mourait en état de grossesse et son enfant avec elle[2]. « Sans délibérer davantage, peut-être sans vocation, » mais poussé par ma douleur, je me jetai comme » un fou dans l'Oratoire[3], où je ne fus pas plus tôt » que je m'en repentis. Je ne pouvais me faire plus » de mal que je m'en fis par cette action précipitée. » Dieu m'appelait à la Chartreuse et je n'obéis pas » à sa voix. De là sont venus tous les malheurs de » ma vie[4]. » La vérité, probablement, est que Dieu ne l'appelait pas plus à la Chartreuse qu'à l'Oratoire ; mais laissons-lui ses illusions, en raison de la douleur qu'il éprouva lorsqu'il vit soudain tout s'effondrer autour de lui. Là serait peut-être la cause initiale de ses extravagances.

En 1667, il reçoit le sous-diaconat à l'Oratoire où, durant sept années, sa tenue est plutôt exemplaire. Mais alors, s'énamourant d'une certaine « dame[5] » qu'il appelait *une dixième Muse*, cette passion, » continue l'auteur de l'article[6], le jeta dans un tel » délire qu'elle motiva son exclusion de l'Ora- » toire »[7] (1670). Il passe à l'étranger, reste « trois

---

1. F. Barrière, *op. cit.*, tome II, page 232.
2. Idem.
3. Sur les conseils de son père et de sa mère (F. Barrière, t. II, p. 234).
4. F. Barrière, *op. cit.*, tome II, pages 232 et 233.
5. Mme Deshoulières, croit-on. (F. Barrière, t. I, pp. 211-213.)
6. Dans la Biographie nouvelle. (Note de Barrière, pp. 211 et 212.)
7. F. Barrière, tome I, page 212. — En effet il avoue qu'on y devait toujours garder, après vingt-deux années, le souvenir de sa conduite (voir ci-après, Pièce justificative C).

» hivers sur les bords de la mer Baltique »[1], et c'est durant ce temps que se placent les incidents de ses nouvelles amours pour la duchesse de Mecklembourg, et, a-t-on dit, de ses indélicatesses au jeu envers le mari de celle-ci[2]. Enjoint par le Roi d'avoir à réintégrer Paris (1673), il y est aussitôt arrêté qu'arrivé, frappé d'interdiction, emprisonné à l'abbaye de Saint-Germain-des-Prés, puis à Saint-Benoit-sur-Loire et enfin, *in carcere duro*, à la hideuse Maison de Saint-Lazare (1674), « comme prisonnier » de famille »! Là, sous prétexte de folie, on lui rendit l'existence réellement insupportable, le réduisant à 5000 livres de pension dont il ne touchait d'ailleurs que 3000, la différence étant remise aux religieux pour sa nourriture, et c'est avec cette misérable somme qu'il trouvait le moyen de se refaire « petit à petit une nouvelle bibliothèque de sept à huit mille volumes »[3]. Au prix de quelles privations, mais chez quels libraires!

Entre temps ses parents, et parmi eux son frère Charles-François, l'évêque de Coutances, n'étaient pas demeurés inactifs, au plus grand bénéfice de leurs propres intérêts, c'était tout indiqué. Ils « profitèrent de sa détention pour se distribuer ses » biens »[4]. « Je donnai mes tableaux à mon fils avec

---

1. F. Barrière, tome I, page 233.

2. Frédéric de Mecklembourg (1638-1688) avait épousé, en 1671, Wilhelmine de Hesse-Cassel-Bingenheim. — Ici, les Mémoires de notre personnage deviennent encore une fois, on le comprendra, des moins explicites sur cette période de sa vie.

3. F. Barrière, tome II, pages 235 et 236.

4. Biographie Firmin-Didot, tome XXXI, col. 529 à 532. — Il était d'ailleurs fixé sur leurs sentiments à son égard (Voir ci-après pièces justificatives A et C, et A. de Marsy, *op. cit.*, p. 9).

» une belle et curieuse bibliothèque qui m'avait bien
» coûté 80000 livres, en m'en réservant toutefois
» l'usufruit ma vie durant. L'on m'en dépouilla après
» m'avoir interdit. Mon frère se la fit adjuger pour
» 14000 livres payables au mineur en quatorze an-
» nées, quoique Léonard[1] offrit de constituer une
» rente de 4000 livres au profit de mon fils pour le
» prix de mes livres »[2].

Ainsi, durant dix-huit ans, dans un milieu repous-
sant[3] qu'il n'aurait jamais dû connaître, pétitionnant
et implorant, avec la seule distraction de ses travaux littéraires[4] qui en ont du reste conservé l'em-
preinte, Louis-Henri de Loménie, comte de Brienne,
fils et petit-fils de Secrétaire d'État, ancien Secrétaire d'État lui-même, ex-favori de Mazarin et de
Louis XIV, dut mener à Saint-Lazare une aussi pé-
nible existence qui rachetait pourtant bien des
fautes.

Cependant l'année 1692, époque des pièces que
nous publions ci-après, devait s'ouvrir pour lui sous
d'heureux auspices et mettre un terme à tant
d'épreuves. A la suite de ses vives réclamations auprès de son protecteur, le Ministre Pontchartrain,
puis d'interrogatoires officiels du Lieutenant Civil
Jean Le Camus[5], qui démontrèrent le bon état de son
moral, sinon de sa morale, et malgré tous les ob-

---

1. Célèbre libraire parisien du temps.
2. F. Barrière, tome II, pages 235 et 236.
3. Voyez la lettre du 1er juillet 1692 à M. Des Granges; pièce C.
4. Il s'occupa beaucoup aussi de controverse janséniste.
5. Voyez lettre du 7 février 1692 à Ponchartrain; pièce A.

stacles qu'y opposèrent ses parents[1], une Ordonnance du Prévôt de Paris, Charles-Denis de Bullion, était rendue toute en sa faveur le 14 juin 1692[2]. Le roi se départissait de sa sévérité...., et trois jours plus tard, le 17 juin, intervenait la sentence de levée de son interdiction. Il paraît même qu'il put rentrer en possession d'une partie de ses biens. Dès lors, sa vie à Saint-Lazare s'écoula sans contrainte jusqu'en 1696 où, ayant attiré de nouveau l'attention sur lui, il reçut l'ordre[3] de se retirer à l'abbaye augustine de Saint-Séverin de Château-Landon, « dont un de » ses parents était abbé[4] ».

Les biographes s'accordant tous, quoique sans préciser de date, pour fixer cet événement deux ans avant sa mort, nous pensons qu'il arriva dans sa nouvelle retraite environ vers le mois d'avril 1696. Quoi qu'il en soit, une pièce conservée à Château-Landon[5] nous donne l'indication d'un des premiers effets de sa présence en ce lieu. C'est un acte « faict et passé en l'abbaye royalle de Saint-Séverin », le 15 septembre 1696, comportant décharge et quittance de

---

1. Particulièrement, croyait-il, Louis Boucherat, comte de Compans, secrétaire d'État et plus tard chancelier de France, mort en 1699, son oncle par alliance comme ayant épousé, en 1697, Anne-Françoise de Loménie-Brienne (A. de Marsy, p. 9, renvoi 1).

2. Pièce justificative B.

3. Par lettre de cachet, dit la *Grande Encyclopédie*, art. Loménie de Brienne, tome XXII, page 506, col. 1.

4. *Biographie Michaud*, tome XXV, page 87, col. 2. C'était alors Henri de la Grange-Trianon, abbé de 1664 à 1701.

5. Archives notariales. — Déjà nous avions signalé cette pièce, ainsi que le testament publié à la fin de la présente Note, dans notre étude « Le Propre de Saint-Séverin de Château-Landon (in-8°, Fontainebleau, 1890), page 8, renvoi 1 (*Annales de la Société historique et archéologique du Gâtinais*, année 1890).

L.-H. de Loménie-Brienne à Mre Guillaume Lenoir-Gailliot, prévôt et juge ordinaire de la prévôté de Pougy[1] (représenté par son fils, Mre Jean-Baptiste Lenoir, prêtre, vicaire de Moret)[2]. Celui-là, qui avait géré pendant dix ans de bail la ferme de Pougy, moyennant 2200 livres par an, obtient quitus des revenus et du reliquat du compte avec le père de son créancier (Henri-Auguste), transaction[3] qui terminait l'instance au Châtelet de Paris introduite à ce sujet.

Exilé loin du monde, dans ce vieux moustier de Saint-Séverin, en face de la riante vallée du Fuzin dont l'horizon n'a pas changé, que furent le plus souvent ses réflexions, lorsqu'il se remémorait ses jours mouvementés? A n'en pas douter, d'une grande amertume et rendues plus tristes encore par la monotonie de cette existence quasi-monastique. A un homme ayant dépassé soixante ans, ce nouveau changement de résidence, après tant de tribulations, ne pouvait être que défavorable. Enfin désabusé, il ne paraît, durant les deux dernières années de sa vie, s'être préoccupé d'autre chose que de son salut éternel, ainsi qu'en témoignent ses dispositions testamentaires. Au commencement d'avril 1698, il tombe sérieusement malade, est obligé de s'aliter et, le 8 du même mois, sentant venir l'heure suprême, fait mander à son chevet le notaire auquel il dicte

---

1. Canton de Ramerupt (Aube).

2. Arrondissement de Fontainebleau (Seine-et-Marne).

3. Ce document est accompagné de sa ratification par Guillaume Lenoir, en date du 26 septembre 1696, par-devant les notaires de la baronnie et prévôté de Pougy.

ses dernières volontés, encore en pleine possession de lui-même. Ses pressentiments ne le trompaient pas; il mourut peu après, le 17 avril 1698, âgé de plus de 62 ans[1].

Son testament[2], au contraire de ce qu'on pouvait attendre, n'offre d'ailleurs qu'un intérêt restreint et ne diffère pas très sensiblement de ceux des bourgeois pieux et suffisamment riches de cette époque. Les termes en indiquent qu'il croyait devoir être inhumé dans la localité, sinon dans l'église abbatiale. Ni par nous-même, ni depuis la destination nouvelle de cet ancien monastère, il n'a été trouvé trace de l'endroit de sa sépulture.

Il n'est pas permis de penser que le corps d'un personnage aussi considérable en son temps fut abandonné par les siens et loin des siens; nous voulons croire qu'après sa mort sa dépouille dut être transportée en quelque caveau ancestral. Où gît Louis-Henri de Loménie-Brienne?

Mais où sont les neiges d'antan.

Il eut, d'Henriette Le Bouthillier-Chavigny, trois enfants, « un fils et deux filles »[3], qui sont :

1º Henri-Louis de Loménie, comte de Brienne, qui épousa Jacqueline-Charlotte Bruslart, fille de Nicolas Bruslart, premier président au Parlement de Bourgogne, et mourut aussi enfermé;

---

1. Les registres paroissiaux sont restés muets sur son décès.

2. Nous le reproduisons in-extenso; voir pièce justificative D.

3. Saint-Simon. Mémoires, tome I, pages 105 et 106. — M. de Marsy le dit à tort être sans enfant en 1694.

HIERONYMI BRIENNAE ITINERARIUM
Paris 1762
Reliure aux armes de Loménie de Brienne

2° Anne-Marie Thérèse de Loménie, mariée en mai 1678 à Joseph d'Angennes, marquis de Poigny, capitaine-enseigne des gendarmes de la Garde du corps du Roi, morte en mars 1680, âgée de 23 ans;

3° Louise-Magdelaine de Loménie (que Saint-Simon dit être sa fille aînée), mariée à Claude-Jean-Baptiste-Hyacinthe Rouault, comte de Cayeux, lieutenant général des armées du Roi[1].

Une des sœurs de notre personnage, Marie-Antoinette de Loménie, qui mourut le 8 décembre 1704, âgée de 80 ans, avait épousé le 4 juin 1642, Nicolas-Joachim Rouault, marquis de Gamaches; comme on vient de le voir, elle maria sa nièce, Louise-Magdeleine de Loménie, mentionnée ci-dessus, au fils de son mari, C.-J.-B.-H. Rouault de Gamaches comte de Cayeux, précité. De la sorte, la tante et la nièce épousèrent le père et le fils, remarque consciencieusement Saint-Simon[2].

Doué d'un physique agréable, comme l'atteste son portrait d'après Le Brun[3], c'était aussi un véritable lettré. D'un esprit vif et pénétrant, ses Mémoires inédits sont restés d'une lecture attrayante, en cela bien préférables à ses poésies. Il avait de qui tenir, du reste, en la personne d'Antoine de Loménie, son grand-père, le créateur de ce remarquable Musée de documents historiques qu'est encore aujourd'hui le « Fonds de Brienne ».

---

1. Moreri, art. Loménie, page 194.

2. Mémoires, art. Loménie, tome II, pages 105 et 106.

3. Gravé en 1662 : in-f°. par J. Lenfant, et, par E. Rousselet, petit in-8, pour sa relation *Itinerarium*, buste à droite; il existe, de cette dernière planche, des états avant les noms des artistes.

Amoureux du beau, épris d'art et de voyages, acceptable musicien, bon dessinateur, fin numismate, mais surtout doué de cette intuition particulière à quelques grands amateurs, c'est, à ce point de vue, une des figures sympathiques du xvii° siècle, qui peut marcher de pair avec les « curieux » de cette époque.

On sait ce que furent ses collections, armes, bronzes, médailles; surtout sa galerie de tableaux et dessins qui, des mains de Mazarin, sont en partie venus au Louvre en passant par les siennes et dont il a, non sans talent, décrit et célébré les mérites[1].

Non moins estimées furent ses estampes qu'il dut revendre et sa bibliothèque dont quelques épaves sont parvenues jusqu'à nous. Encore maintenant, chez les libraires parisiens, on rencontre des volumes, imprimés et manuscrits, provenant de son cabinet[2].

Les Biographies Michaud et Firmin-Didot ont donné la liste des ouvrages qui furent imprimés et

---

1. *De Pinacotheca sua* (in-8°, Paris. 1662), réimprimé en 1854 par T. Arnauldet, P. Chéron et A. de Montaiglon avec un commentaire intéressant où s'y coudoient les grands noms des Raphael, Andrea del Sarto, Titien, Paul Véronèse, Le Dominiquin, Albert Durer, Holbein, Rubens, Van Dyck, etc. — Consulter, mieux encore : *Le Catalogue de Brienne*, par Edmond Bonnaffé (in-16, Paris. 1873). qui en contient également la reproduction, avec de nombreuses remarques.

2. Le *Bulletin de la librairie Damascène Morgand*, tome VI, page 123 (année 1892), offrait, au prix de 1200 francs, son ouvrage, *Itinerarium*, dans une splendide reliure à ses armes, due au célèbre Le Gascon ou peut-être à son émule Florimond Badier. Nous la donnons ici. d'après la planche originale que M. Rahir, le chef de cette importante officine, a mise très gracieusement à notre disposition.

Également, un *Catalogue de la librairie Cornuau*, du mois d'octobre 1900 mentionnait (n° 1494), un manuscrit in-4° du xviie siècle (Mémoires de M. le duc de La Rochefoucauld), dans sa reliure du temps, aux armes de Loménie de Brienne.

de ceux restés à l'état de manuscrits[1]; il convient d'ajouter à ces derniers :

1º « Jacobi de la Fosse[2], V. C. Congregationis Missionis Galliæ Presbyteri, Poet. Laureat.; et Rethoris Elegantissimi *Poemata Selecta*, accurante Lud. Hen. Lomenio, Briennæ ad Albam comiti, nuper Regi Christianiss. ab actis, consiliis et epistolis, ac Primicerio Notariorum Regni Franciæ, dehinc Cong. Orat. D. N. J. C. subdiacono-sodali, nunc demum, in S. Lazari Parisiensis Domo convictorum captivo moestissimo. Anno a Christo nato MDCLXXXI, captivitatis vero suæ VII. » Ce Recueil manuscrit, surtout latin, a été décrit et analysé par le comte Arthur de Marsy[3] qui l'estime avoir été écrit entièrement pendant les années 1680 et 1681; il ne figura pas dans le Catalogue de vente de la Bibliothèque de Marsy[4] dont la préface mentionne que les divers manuscrits de cette collection ont été répartis en plusieurs bibliothèques des principales villes picardes et champenoises.

2º « Ludovici . Henrici . Lomenii . Briennæ . Comitis . Regii . a . Consiliis . Actibus . &. Epistolis . de . Vita. Benjamini . Prioli . »; manuscrit latin, daté de 1662, in-folio, texte encadré, d'une belle écriture, or et couleur, de l'école française du XVIIe siècle, avec de jolis lettres ornées et culs de lampe[5]. C'est la vie et l'éloge de Benjamin Priolo, son maître et son ami, historien français né le 1er janvier 1602 à Saint-Jean-d'Angely, mort à Lyon en 1667, auquel il devait sa connaissance approfondie du latin.

---

1. Dans le *Supplément à l'essai de bibliographie oratorienne*, par le R. P. Ingold (Paris, 1882, in-4), l'article « Loménie de Brienne » pèche un peu trop par brièveté.

2. Sur cet auteur, voir un intéressant article dans la *Biographie ardennaise* de l'abbé Boulliot, tome I (1830), pages 420 à 423.

3. *Les loisirs d'un ministre prisonnier* (in-8°, Arcis-sur-Aube, 1886, extrait de la *Revue de Champagne et de Brie*).

4. Paris, L. Gougy, 1900.

5. Collection de l'auteur.

Disons en concluant, pour apprécier l'auteur, qu'il fut un écrivain fécond, grand rimeur devant l'Éternel, dont il y a à prendre, mais surtout à laisser. On ne lit plus guère aujourd'hui que ses Mémoires inédits, et, quant à certaines de ses productions, heureusement encore restées manuscrites, malgré leurs exagérations, il est à constater qu'elles « sont d'un » esprit peu équilibré, mais » non d'un fou »[1].

Les jugements portés sur lui par ses contemporains sont assez différents et même contradictoires. Si prolixe, dans ses Mémoires inédits, de détails sur lui-même, il y devient beaucoup plus réservé quant aux motifs réels de sa disgrâce, malheureusement en partie justifiée par sa conduite ultérieure et que tous ses efforts ne parvinrent jamais à faire terminer.

Doit-on croire notamment qu'il alla jusqu'à tricher au jeu du Roi? Péréfixe de Beaumont le rapporte, dans ses Mémoires, en termes assez crus; il aurait même eu pareille défaillance envers le duc de Mecklembourg. Par contre, Saint-Simon qui pourtant avait la dent dure et connaissait bien son époque, non seulement n'en a rien dit, mais encore a parlé de lui en termes élogieux, n'attribuant sa retraite qu'à la douleur causée par la mort de sa femme. Les autres biographes n'ont guère fait que présenter simultanément ces deux versions. Bien que lui-même ait reconnu qu'on acheva de le perdre

----

1. *La Grande Encyclopédie,* tome XXII, art. Loménie de Brienne, page 506, col. 1.

« en parlant méchamment du gain » qu'il avait fait
à l'abbé de Gordes (racontèrent la comtesse de Sois-
sons [Olympe Mancini] et Madame de Lionne) et
qu'il ait encore ajouté : « On me fit, à ce sujet, passer
» dans l'esprit du Roi pour le plus adroit filou de la
» Cour »[1], nous ne croyons pas, quant à présent,
pouvoir trancher définitivement la question, faute de
témoignages plus précis et encore plus autorisés.
Peut-être un jour de nouveaux documents viendront-
ils le réhabiliter d'une façon définitive; mais, dès
maintenant, nous répugnons à le croire coupable et
nous déclarons incliner plutôt en sa faveur.

Pour nous, il fut, c'est bien probable, grisé par sa
trop rapide fortune; puis, les honneurs prématurés
qui lui en revenaient, la protection de Mazarin, son
intimité avec le jeune roi, et aussi l'avenir brillant
qu'il entrevoyait lui durent attirer bien des envieux.
En outre, il se prêta de lui-même aux médisances
de ses ennemis, autant par les désordres de son
existence que par les inégalités de son esprit. Aux
premiers revers, son caractère instable s'était aigri
et, par la suite, rapporte Saint-Simon[2], « il lui
» échappa beaucoup de méséances à son état passé
» et à celui qu'il avoit embrassé depuis ». Il n'en
fallait pas tant pour lui susciter des adversaires.
D'ailleurs, ce dont on lui faisait un crime en son
temps, à part, bien entendu, le fait d'indélicatesse
au jeu qui n'est toujours pas rigoureusement prouvé,
ne serait que grosses peccadilles aujourd'hui. Il a

---

1. F. Barrière, *op. cit.*, tome II, page 224.
2. *Mémoires, op. cit.*, tome II, pages 105 et 106.

été sous-diacre, mais si peu..... L'état d'esprit de son époque, les circonstances de ses déboires, ses chagrins domestiques et sa mobilité d'humeur, s'ils ne l'absolvent qu'en partie, le doivent tout au moins faire bénéficier d'indulgence.

Enfin, il est un dernier motif, — raison de sentiment, nous l'accordons, — qui ne nous semble pas, jusqu'ici, avoir préoccupé beaucoup ses biographes, à l'exception de M. de Marsy[1] qui en a dit un mot.

Dans ses « Mémoires inédits »[2], il raconte la vive impression que fit sur lui Mademoiselle de La Vallière. D'après ce qu'on sait de son caractère, il n'est pas douteux qu'il éprouva pour elle, il l'avoue implicitement, plus d'amour encore que d'amitié. Le roi qui commençait à s'en éprendre et qui en fut très jaloux tant que dura sa passion, les surprit un jour, à Fontainebleau, dans l'antichambre de Madame, et l'interrogea à ce sujet. Malgré ses protestations et les paroles rassurantes du roi, il confesse être resté fort alarmé de cette mésaventure, ce que confirma son père Henri-Auguste, auquel il la raconta le surlendemain ; elle nous paraît, à nous, devoir être prise un peu plus au sérieux qu'il ne le dit à la fin de son récit. Toujours le roi lui tint rigueur et, de même qu'il ne pardonna point au surintendant Fouquet dont on rapporte semblable chose[3], on peut supposer qu'il n'oublia pas davantage pareille indiscrétion de la part de son Conseiller et Secrétaire d'État.....

1. *Op. cit.*, page 4.
2. F. Barrière, tome II, pages 165 à 172, qui sont à lire en entier.
3. Quoique sans preuves décisives.

Nous l'excuserons donc, à cause de ses vicissitudes, mais sans aller jusqu'à dire, de lui aussi, avec une légère variante :

C'était être innocent que d'être malheureux.

Et, s'il ne sut pas souvent résister aux orages de ses passions, il lui sera beaucoup pardonné parce qu'il a beaucoup collectionné.

PIÈCES JUSTIFICATIVES

A

A Monseigneur de Pontchartrain[1]. — Réponse.

Du 7ᵐᵉ février 1692.

Monseigneur,

Je ne vous avois demandé d'autre grace dans la lettre que je me suis donné l'honneur de vous écrire le 24ᵉ du mois dernier, sinon celle de m'obtenir de S. M. la permission de parler à Monsʳ le Lieutenant civil au sujet d'un procès que j'ay par devant luy contre un fermier. Le Roy me l'ayant accordé par vostre entremise, je fus un peu surpris quoy que préparé par l'obligeante réponse dont vous m'avez honoré, et à laquelle je ne m'attendois pas dans l'état humiliant où je me vois réduit. Je fus, dis-je, surpris lorsque, sortant de la Sainte Table, le propre jour de la Chandeleur, j'appris que Monsʳ le Lieutenant Civil demandoit à me voir. Il estoit accompagné d'un des Greffiers du Chastelet, dont le nom est Godion[2], si je l'ay bien retenu. La sainteté du jour, et l'heure de soi peu commode, me causa quelque légère émotion, mais je pensai que cela pouvoit estre arrivé fortuitement. D'abord Monsʳ le Lieutenant Civil me témoigna que c'estoit par ordre de la Cour qu'il venoit m'entendre, et m'ayant insinué que mes réponses y seroient envoyées, il commença par un interrogatoire en

---

1. Collection de l'auteur. — Louis Phélypeaux, comte de Pontchartrain (1643-1727), fut ministre, secrétaire d'État de la Marine et de la Maison du Roi, en 1690, à la mort de Seignelay, puis, en 1699, élevé à la dignité de chancelier.

2. Lisez « Gaudion » (Voir p. 28, à la fin de l'ordonnance du 14 juin 1692, pièce justificative B).

forme. Je compris aussi-tost, Monseigneur, que cela estoit fort différent des termes de la Lettre que vous m'aviez fait l'honneur de m'escrire, dans la quelle vous ne parlez précisement que de mes demandes et réquisitions. Néantmoins, ne pouvant pas pencher[1] s'il avoit d'autres ordres, et ne jugeant pas à propos de former un incident là-dessus, je répondis sur le champ à diverses demandes touchant des faits dont je n'avois presque plus de mémoire y ayant plus de vingt années qu'ils sont arrivez. Depuis ayant fait demander mon interrogatoire au Greffier par mon Procureur, il luy a répondu qu'il ne pouvoit pas le délivrer avant qu'il ait esté envoyé à la Cour. Je n'aurois pas fait beaucoup de réflexion sur cette procédure, sans que dès les 4me de ce mois, d'assés bon matin, Made de Cayeu, ma fille, vint ici pour me parler. Je refusay de la voir, parce que j'avois demandé instamment à Monsr le Lieutenant Civil de ne parler à aucune personne de ma famille, car d'ailleurs je n'ay aucun sujet de plainte contre elle que je sache, ni contre mon neveu son mari. Ce premier assaut a esté suivy de menaces vagues, comme si mes Parens estoient en allarme et en action pour opprimer un foible malheureux qui, après vous, son unique protecteur, n'a que sa seule innocence pour opposer à tant d'ennemis intéressés à sa perte, par la fausse honte qu'ils ont de désavoüer le mal qu'ils m'ont fait. Les choses, Monseigneur, estoient en cet état, lorsque mon Procureur vient, il n'y a qu'une heure, de me donner avis que Monsr le Lieutenant Civil, que j'ay apris de plusieurs endroits estre bien intentionné pour moy, avoit demandé en sa présence au Procureur au Chastelet des Pères de Sainte Geneviève, dont je n'ay pas retenu le nom, s'ils voudroient bien recevoir une personne de qualité, aux conditions qu'il a énoncées dans mon interrogatoire pour la maison de Saint Lasare, quoi que je ne luy eusse fait aucune réquisition ni pour l'une ni pour l'autre de ces demandes et, en mesme tems, il me nomma. Sur quoy mon Procureur auroit dit que, me trouvant

---

1. Lisez « penser ».

bien dans la maison où je suis, à quelques petits soulagemens près qui sont couchez dans mon interrogatoire, je n'avois point demandé d'en sortir. Ce dernier avis a rappelé dans ma mémoire toutes les persécutions (pour ne pas employer de terme plus dur) que j'ay souffertes chez les Pères Bénédictins, quand j'y estois détenu[1], et m'a donné quelque appréhension que mon interrogatoire ne vous ait pas esté envoyé ou, s'il l'a esté, n'ait passé en d'autres mains que les miennes depuis estre sorti des vostres. Je n'ay plus délibéré, Monseigneur, à vous rendre compte de tout ce détail, pendant que j'ay encore la liberté de le pouvoir faire. Je sais bien qu'on ne peut me tirer d'icy sans un ordre exprès de S. M., mais on pourroit la surprendre en luy faisant entendre que c'est moy qui le désire. Et, comme cela n'est pas, je vous supplie d'estre sur vos gardes et de vouloir mander à Monsr le Lieutenant civil, (après que vous aurés eu la bonté d'en dire un mot au Roy.) de me faire délivrer mon interrogatoire, et de passer outre à la cassation de ma prétendüe interdiction. Il ne s'agit que de cela maintenant. Je resteray partie au procès contre mon fermier, comme mon Procureur le dit dans sa requeste. Je n'insiste à la cassation de ma prétendüe interdiction que dans la veuë de rendre un très-important service à mes enfans, en faisant voir que je ne suis pas tel qu'on l'a publié, et qu'afin d'estre en état de disposer, par mon Testament[2], de la somme de 5000 livres que je me suis réservée pour engager les pauvres à prier Dieu pour moy après ma mort. Je n'aurais eu garde, Monseigneur, de vous importuner de cette longue lettre, sans toutes les menaces dont on a prétendu m'intimider, en me faisant entendre indirectement qu'on me veut mettre en un lieu où je n'auray ni ancre, ni papier, ni commerce avec personne, pas mesme avec mon Procureur, à qui j'ay demandé dans une de mes réquisitions de parler librement, et à mes

---

1. Dans les abbayes de Saint-Germain-des-Prés et de Saint-Benoit-sur-Loire où il fut incarceré en 1673, au retour de son second voyage en Allemagne. Voir plus haut.

2. Voir ci-après, pièce justificative D.

gens d'affaires. Mon cœur est calme, graces à Dieu. Je ne
veux du mal à personne et, si tous mes ressentimens, quoy
que tres-justes, n'estoient parfaitement éteints, on ne me per-
mettroit pas de communier comme je fais tous les Dimanches
et aux grandes festes. Je suis sous la conduite d'un très-pru-
dent et très-éclairé Directeur; il me seroit bien fascheux
d'estre obligé de le quitter malgré moy après dix huit ans
qu'il me connoist. Je n'ay pû, Monseigneur, vous dire tant
de choses en moins de paroles, outre que je n'ay pas eu
le tems nécessaire pour les abréger. Un mot d'un de vos com-
mis à mon Procureur suffira pour me tirer de peine. C'est
Fontaine l'aîné, rüe de la Truanderie, qui est connu de Monsr
Monerot Con^{er} au Chastelet. Ce surcroist de vostre charité
que j'attens fondé sur la Lettre si consolante dont vous m'avez
honoré m'engagera de plus en plus à estre avec tout le respect
et toute la reconnaissance dont je suis capable,

     Monseigneur,

Vostre très-humble, très-obéissant et très-obligé serviteur,

         De Loménie Brienne.

B

Ordonnance du 14 juin 1692[1].

A tous ceux qui ces présentes Lettres verront, Charles
Denis De Bullion, Chevalier, Marquis de Galardon, Seigneur
de Bonnelles et autres Lieux, Conseiller du Roy en ses Conseils, garde de la Prévosté de Paris, salut; sçavoir faisons
que veu la Requeste à nous présentée par Messire Louis Henry
de Lomenie Comte de Brienne à ce, qu'en conséquence de
l'ordre du Roy, du huitième février mil six cens quatre vingt
douze, et de ce qu'il nous est apparu par l'interrogatoire du
suppliant, du deuxième dudit mois de février et ceux par ledit

---

1. Collection de l'auteur.

suppliant subis les dix huit dudit mois de février, et premier de May dernier, et de la Sentence par nous rendüe le dix septième dudit mois sur l'avis des Sieurs Parens et Amis dudit suppliant assemblez pardevant nous en notre hôtel en exécution de nôtre Ordonnance du huitième dudit mois de May, estant au bas de la Requeste qu'il nous auroit présentée à cet effet, par laquelle Sentence nous aurions fait main levée audit suppliant de l'Interdiction contre luy prononcée le dixième May de l'année mil six cens soixante onze, Il nous plaise ordonner que ledit suppliant pourra aller et venir et se promener dans la Maison de saint Lazare où il est présentement sans estre assisté ny suivy d'aucun frère, et que ledit suppliant sera mis dans un autre Logement commode, autre que celui qu'il occuppe depuis dix huit années.

Nous ordonnons que ledit Sieur de Brienne suppliant demeurera dans la Maison de saint Lazare où il est à présent, jusques à ce qu'il en ait esté autrement ordonné par sa Majesté, et jusques à ce, Disons qu'il est permis et permettons audit suppliant de se promener dans l'enclos, aller et venir dans la Maison, comme les autres Prestres, sans avoir de frère à sa suite. Et que le Supérieur de la Maison de saint Lazare luy donnera un appartement, lequel ne soit point dans le Lieu où l'on met les Enfans de correction et les Insensez. Ce qui sera executé sans préjudice de l'appel. En témoin de quoy nous avons fait sceller ces présentes. Ce fut fait et donné au Chastelet de Paris par Messire Jean Le Camus, Chevalier, Conseiller du Roy en ses Conseils, Maistre des Requestes ordinaire de son hostel, Lieutenant Civil de ladite ville, Prévosté et Vicomté de Paris. Le Samedy Quatorzième Juin mil six cens quatre vingt douze. Signé Josse. Et à costé Collationné. Et à la marge Sentence pour Monsieur de Brienne. Gaudion Greffier. Controllé avec Paraphe.

C

A Monsieur Des Granges[1].

Ce premier Juillet 1692.

Monsieur,

La crainte que j'ay de fatiguer Monseigneur de Pontchartrain de mes Lettres, fait que je vous adresse celle-cy qui ne peut estre fort courte parce que j'ay plusieurs choses importantes à vous dire.

La 1re est que j'ay enfin leu l'ordre en conséquence duquel j'ay esté conduit à St Lazare. C'est une copie d'un ordre signé Colbert adressé à un exempt de la conestablie, dont l'exempt a laissé une copie à Monsr Jolly & que cet Exempt a signée. L'original de l'ordre de Sa Maj^{té}, en cas qu'il y en ait eu, est demeuré entre les mains de l'Exempt. C'est ainsi qu'on arreste les coureuses de Paris qu'on enferme dans l'hôpital général; mais il n'y a point d'exemple qu'on ait détenu un Ecclésiastique 18 ans durant sur un tel ordre, et moins encore un homme qui a eu l'honneur d'estre Secrétaire d'Estat. Comme on m'a toujours dit, pendant ma détention, que j'estois enfermé en vertu d'une Lettre de cachet, je le croiois, et je l'ay même mandé à Monseigneur de Pontchartrain la première fois que je me donnay l'honneur de luy écrire. Mais l'ordre que j'ay leu n'est qu'une copie d'un ordre qui ne paroist plus et dont l'Exempt ne s'est pas desaisi. Je vous prie, Monsieur, de vous le faire montrer, vous en serés surpris comme moy, et Monseigneur De Pontchartrain, le pius régulier & et le plus intègre ministre qui fut jamais encore d'avantage. Or, pour venir à mon affaire, je ne suis, à parler juste, détenu dans le lieu où je me trouve que par l'ordre du 8 février dernier adressé à Monsr Jolly, dans lequel Sa Maj^{té} dit qu'elle ne trouve pas encore à

---

1. Collection de l'auteur.

propos de m'élargir entièrement, mais où elle ordonne qu'on
m'accorde une honeste liberté dans la maison. J'estois alors
interdit et je supposois moy-mesme estre détenu ici en vertu
d'un ordre du Roy adressé à Monsr Jolly. Maintenant que l'interdiction faite contre moy par cabale est levée, et que je suis
déclaré libre, je ne dois plus estre détenu dans la maison des
Correctionnaires et des insensés. Monsieur le Lieutenant Civil
a prononcé, en conséquence des ordres de Sa Maj^{té} qui lui ont
estés adressés de mesme date que celuy qu'a reçu Monsr Jolly,
qu'on me donnast un logement commode & et le reste que
vous savez assés. Monsr Jolly n'a point voulu déférer à son
ordonnance dont j'ay la grosse en parchemin entre mes mains,
et je n'ay pas crû devoir promettre à mon Procureur de la faire
signifier. Voilà l'état de mon affaire. Monsr Jolly insiste que je
sorte entièrement de la maison de St Lazare et, comme je me
suis plaint, quoy qu'avec beaucoup de douceur, que les ordres
de Sa Maj^{té} à mon égard estoient restés sans effet, cela a aug-
menté sa mésintelligence et j'ay eu plus de chagrin depuis
trois mois que j'en avois eu durant les 18 années de ma cap-
tivité, cela est de fait. Je suis donc résolu, malgré moy, de
sortir d'icy puisque je ne puis y trouver le repos que je m'estois proposé. Il y a, Monsieur, bien des intrigues là-dessous que
je pourois peut estre débrouiller, mais enfin ce ne seroit que
des conjectures, et des conjectures ne sont pas des preuves.

La 2e chose est qu'on parle de me faire changer de demeure.
Il faut bien y consentir puisque je ne puis rester à St Lazare
avec satisfaction. Mais je ne saurois me déterminer au choix
d'une retraite. Je prie très humblement Monseigneur de Pontchartrain de décider luy mesme de mon sort. Je veux dépendre
toute ma vie du Roy mon maistre et de luy son très-digne ministre dans le département duquel j'ay le bonheur de me trouver. Ma famille ne se doit plus mesler de mes affaires, en aucune manière. Mad^e de Gamaches, ma sœur, a proposé à Monseigneur de Pontchartrain le Seminaire des Nations etrangères.
Je ne connais point cette maison-là, mais si Monseigneur de
Pontchartrain croit qu'elle me convienne, je m'y rendray dès que
Monsieur Jolly sera déchargé de ma personne. Vous voyés

assez, Monsieur, que je ne dois plus estre transferé par ordre de Sa Majesté nulle part; c'est ce que je vous conjure de représenter pour moy en tout respect à Monseigneur de Pontchartrain.

La 3ᵐᵉ chose est que si ma santé n'estoit pas aussi ruïnée qu'elle l'est, mon inclination se porteroit assés à rentrer dans l'Oratoire. Mais je ne puis plus y estre reçû qu'en qualité d'infirme et j'aurois besoin de beaucoup d'exemptions qu'on auroit peut estre de la peine à m'accorder et que j'aurois encore plus de peine à demander. Néantmoins je feray sans répugnance tout ce que Monseigneur de Pontchartrain me prescrira, pourvû qu'en quelque lieu que j'aille je sois assûré de l'honneur de sa protection.

La 4ᵐᵉ est que j'ay beaucoup d'ennemis cachés et la persécution que j'ay soufferte en est la preuve. Personne, à l'heure qu'il est, ne s'ose déclarer contre moy. Les vivants rejettent sur les morts le mal qu'on m'a fait. Cependant, pauvre et dénüé de tout secours, j'ay de grands procès à soutenir et cela ne convient guère à un corps aussi abatu que le mien et moins encore à un esprit aussi éloigné de la chicanne que l'est celuy d'un Ecclésiastique qui a tout abandonné pour ne penser uniquement qu'à son salut. Je demande compte 1° de cent dix mille Livres d'arrérages de ma pension ; 2° d'une Bibliothèque de 20 mille Écus que j'avois assemblée lors que j'estois de l'Oratoire ; 3° de 700 volumes infolio manuscrits qui sont ceux d'Antoine de Lomenie, mon Ayeuil[1], ceux de Monsieur de Brienne, mon père, et enfin ceux de ma charge de Secrétaire d'Estat, qui n'ont point de prix et dont personne n'a eu droit de disposer, puisque je ne l'aurois pu faire moy-mesme sans la permission expresse de Sa Majesté ; 4° d'un nombre considérable de Tableaux, de médailles d'or et d'argent et d'autres

---

1. Ceci est une preuve nouvelle des lacunes de son esprit. Il ne pouvait ignorer que, pressé d'argent, son père, Henri-Auguste, avait déjà vendu au Roi, pour 30000 livres, l'importante collection de manuscrits de son grand-père Antoine, mise en ordre par Pierre Dupuy : 350 volumes in-folio, aujourd'hui conservés à la Bibliothèque Nationale.

meubles et curiosités dont on m'a dépouillé. Voilà la cause
véritable de mon interdiction qui ne subsiste plus et l'unique
motif des mauvais offices qu'on a tasché de me rendre. Mais, en
vérité, Monsieur, ceux qui agissent contre moy par des motifs
si bas, seroient bien étonnés si je portois à Sa Maj^{té} mes justes
plaintes de leur procédé, contre l'homme du monde le plus
désintéressé, et qui, n'ayant fait que du bien à ses enfans, ne
méritoit pas d'estre oprimé, afin que des étrangers et des col-
latéraux profitassent de sa dépouille. Au nom de Dieu qu'on
me laisse en paix, et qu'on ne m'oblige pas à nommer au Roy
les auteurs de tant d'injustices.

La 5me & dernière chose est qu'on voudroit m'obliger à demander très-humblement au Roy quelque modique pension
pour subsister. J'en ay une de 5000 livres qui me suffit, et
dont je seray payé désormais quelque oposition qu'on me
fasse. Je m'en contente : mais cela mettra, dit-on, mon fils et
ses enfans à la mendicité. Ce n'est pas ma faute. Au reste je
n'ay jamais eu de bien d'Église, et à vous parler confidemment
si j'en avois, la délicatesse de ma conscience en seroit fort in-
quiétée. Je n'ay garde aussi de demander quelque somme quoy
que très-modique sur le Trésor Royal, 2.000 livres par
exemple chaque année pendant le peu de temps qui me reste à
vivre, accomoderoient toutes mes affaires : mais la conjonc-
ture n'est guère favorable pour demander une telle grace à
Sa Maj^{té}. Je suis persuadé que sa bonté et sa munificence
l'accorderoient au fils de feu Monsieur de Brienne : mais
quelque pauvre et quelque humilié que je sois, j'ay de la peine
à me résoudre à demander l'aumosne.

Voilà, Monsieur, à quoy se réduisent mes modiques demandes : 1° à une Liberté entière dans une maison Ecclésiastique, où je puisse finir ma vie en paix; 2° à toucher 5000 livres pour ma subsistance, mon fils en paye 3000 livres bien
ou mal : il ne s'agit plus que des 2000 livres restant, qu'on
voudroit bien s'exempter de me payer. Et en dernier lieu à
estre assûré de la protection de Sa Majesté & de Monseigneur
de Pontchartrain dans la retraite où j'acheveray mes jours. Si
je puis obtenir ces trois soulagemens, je respireray un peu

après tant de souffrances et renonçant à toutes autres préten-
tions je menneray la vie d'un Ecclésiastique et d'un pénitent
qui est beaucoup plus occupé de la pensée salutaire de la
mort, que de toute autre pensée de soulagement ou de plaisir
qui pourroit l'en détourner. Ce sont les véritables sentimens

       Monsieur,

De votre très-humble et très-obéisssant serviteur,

            De Loménie Brienne.

P. S. J'oubliois, Monsieur, de vous faire un compliment sur
le recouvrement de vostre santé. J'ay pleuré vostre mort, et j'ay
eu la consolation d'aprendre quelques jours après que cette
fascheuse nouvelle se fut répandüe, que Dieu vous avoit rendu
la vie contre toute espérance. Je le prie de tout mon cœur de
prolonger vos jours qui sont utiles au bien public, aux dépens
des miens qui désormais ne sont plus bons à rien, si ce n'est
au moins à souffrir. La vie, mon cher Monsieur, est peu de
chose : croyez-moi, j'en parle comme savant : mais une bonne
mort est d'un prix et d'un mérite infini.

D

Testament[1].

(En marge est écrit : « Deslivré un extraict du présent testament
pour le sieur Jourdain le 12 mars 1709. » — On verra plus loin que Jourdain était son valet de chambre.)

Ce jourd'huy mardy 8e jour d'avril mil six cens quatre vingt
dix huict, sur le requis de Mre Louis Henry de Loménie, che-
vallier, compte de Brienne, entien conseillier secrettaire d'Estat, demeurant à présent en l'abbaye royalle de St Séverin lez
Chasteau Landon, assisté des tesmoings cy après, je me suis
Mathurin Pelletier, notaire royal à Chasteaulandon, y demeu-

---

1. *Archives notariales de Château-Landon.*

rant, soussigné, transporté en l'abbaye royalle dudit S' Séverin, où estant je trouvé ledit seigneur compte de Brienne gi-
sant au lict, malade, touttes fois sein d'esprist et d'entendement, ayant bonne mémoire et entendement, bon et ferme
propos ainsy qu'il nous est apparu par l'inspection de sa pa-
rolle, geste, mintien, et ses autres actions extérieures, accompagné de bonne raison et bon jugement, lequel considérant en
luy que toutte nature humaine est sujet à la mort et qu'il n'y a
rien plus incertain que l'heure d'icelle, ne voullant en estre pré-
venu avant que d'avoir pourveu au salut de son ame et disposé
de ses affaires temporelles, à ces causes mondit seigneur
compte de Brienne a faict et nommé de mot à mot et de mot
à autre à moy notaire soussigné son testament et ordonnance
de dernière vollonté en présence des tesmoings soussignez,
en la forme et manière qui ensuit :

Au nom du père et du fils et du saint esprist. Ainsy soit-il.
Amen.

Premièrement ledit seigneur testateur a déclaré qu'il veult
vivre et mourir en la relligion cathollicque, apostollicque et
romaine, en signe de quoy recommande son ame Dieu le créateur du ciel et de la terre, le supplie très humblement par les
mérites infinis de la mort et passion de nostre sauveur et ré-
dempteur Jesus Crist son fils unicque, de luy pardonner ses
offences et pechez, luy donner confort et patience de suppor-
ter les maux qui luy a plu luy envoyer, et quand son plaisir et
vollonté sera de l'appeller de cette vie mortelle en l'autre, le
voulloir collocquer avec les bienheureux dans son saint paradis, invocquant à ces fins les prières et intercession de la glo-
rieuse et sacrée Vierge Marie sa digne mère, saint Michel ange,
son bon ange gardien, et le bienheureux saint Louis son pa-
tron, avec tous les saints et saintes de paradis, prie ledit seigneur testateur ceux qu'il a offencé de luy pardonner comme
il pardonne de bon cœur à ceux qui l'ont offencé ; item veult
et entend ledit seigneur testateur ses debtes soient payez et
les tors qu'il peut avoir faits pendant sa vie réparez ; item veut
et entend que, sy c'est la vollonté de Dieu le tirer de cette
vie mortel en l'autre pendant qu'il est en l'abbaye dudit S' Sé-

verin, son corps soit inhumé en un cercueil de bois seullement
et non de plomp, auquel jour entend qu'il soit fait un service
de vigilles, trois grande messe et autant de messe basse que
faire se poura, et sy ledit service ne peut estre fait ledit jour
de son inhumation, sera faict le lendemain ou le plus prochain
jour suivant, le tout en l'abbaye et esglise dudit Sᵗ Séverin, et
qu'outre lesdits trois grande messe cy dessus ledit seigneur
testateur entend qu'il soit dit à son intention pour le repos de
son ame la quantité de cent messe basse, dans lequel nombre
sera compris les messe basse qui se diront le jour de son
inhumation, desquelles cent messe en sera dit en l'esglise de
Nostre Dame dudit Chasteaulandon jusque au nombre de vingt,
et pareille nombre en l'esglise de Sᵗ Tugal, le plus tot que
faire se poura après son inhumation et décès, pour lesquelles
messe sera payé pour chascune dix solz, et le surplus desdits
cent messe basse seront dits en l'esglise de l'abbaye dudit Sᵗ Séverin, pour lequel service, inhumation, messes basses et lumi-
naire qu'il conviendra faire à tels personnes de la condition dudit
seigneur testateur, et autres frais funéraux qu'il convient aussy
faire, entend ledit seigneur testateur qu'il soit payé jusque à la
somme de quatre cent livres, sy tant il convient, le surplus en
cas qu'elles ne se trouvent monter à ladite somme sera em-
ployé à faire tels prières qu'il sera jugé à propos par Monsieur
l'abbé de Sᵗ Séverin qu'il prie voulloir prendre la peine de
l'exécution de son inhumation, messe et service, en cas que
l'exécutteur cy après nommé ne puist donner ses ordres à cet
effet assez promptz ; item entend ledit seigneur testateur que
ledit jour de son décedz ou, sy faire ne se peut, le plus prochain d'après et autres jours suivant il soit distribué à quatre
cent pauvres chacun quatre solz, laquelle distribution ledit seigneur testateur prie ledit sieur abbé de Sᵗ Séverin de faire
plus promptement que faire se poura, en cas que ledit exécu-
teur ne peut donner ses ordres assez prompts pour cella ; item
faict don et legs à Pierre Guerin, sieur de Champaignat, ad-
vocat en Parlement, demeurant à Paris, rue Sᵗ Anthoine, par-
roisse de Sᵗ Paul, de tous les effects mobilliers qui luy appar-
tiennent en quelque lieux qu'ils puissent estre et en quoy qu'ils

se puissent consister et monter, ensemble tout ce qui luy peut
estre deub tant pour arrérages de ses pentions que pour
quelqu'autre cause que se puisse estre, mesme de la somme
de trois mille livres réservez par ledit seigneur testateur par le
legs qu'il a faict le treize janvier mil six cens soixante dix[1] à
Mre Henry Louis de Loménie son fils[2], ledit don et legs faict
audit sieur Champaignat, son intendant, pour la bonne reco-
gnoissance de sa fidellité et probitté recognüe par ledit seigneur testateur audit sieur Guérin, et pour l'encourager à con-
tinuer ses soins à la conservation des intérestz du seigneur
compte d'Angennes, petit fils[3] dudit seigneur testateur, aux
charges par ledit sieur Guérin payer à Pierre Jourdain, homme
de chambre dudit seigneur testateur, la somme de trois cens
livres dont il luy fait don et legs tant pour récompence de ses
bons offices que pour suplément de ses gages, et payer aussi
à Nicolas Boussingault, son laquais, la somme de trente
livres dont il luy faict don et legs, plus de payer quinze cens
livres à ses créantiers qui se trouveront lors du decedz dudit
seigneur testateur légitimement deuë, ledit sieur Guérin préa-
lablement payé et rembourcé des avences qui peut avoir pour
ledit seigneur testateur et payement qui peut avoir fait suivant
ses ordres, et d'employer en œuvres pieuses par ledit sieur
Guérin à l'intention dudit seigneur testateur la somme de seize
cens livres, suivant l'ordre et destination qu'en donnera Monseigneur l'évesque de Troyes son beau frère[4], de quoy ledit
seigneur testateur le supplie; item déclare ledit seigneur testateur qu'il révocque tous dons et legs qu'il pouroit avoir cy
devant faits, ne prétendant qu'il n'y ait que le présent qui subsiste comme estant son intention et ordonnance de dernière
vollonté; et pour exécutteur du présent testament ledit sei-

---

1. C'était l'époque où il allait quitter l'Oratoire pour se réfugier auprès
du duc de Mecklembourg.

2. Ce fils devait être déjà mort.

3. C'était le fils de Anne-Marie-Thérèse de Loménie, sa fille, qui avait
épousé Joseph d'Angennes, marquis de Poigny.

4. M. de Bouthillier-Chavigny.

gneur testateur a nommé et choisy Mre Jacques Léon Boutil-
lier de Chavigny, marquis de Beaujeu, son beau frère, qu'il
prie en voulloir prendre la peine et exécutter de point en point
ce que dessus et plustost y augmenter que diminuer. Lequel
présent testament a été ainsy nommé et dicté par ledit seigneur testateur à moy notaire susdit et soussigné et par moy
rédigé par escript sur le requis dudit testateur, auquel je leu et
relleu le présent son testament qui a dit bien entendre et sçavoir sontenu pour l'avoir dicté, entend qu'il ayt lieu, subsiste
et soit exécutté comme sa dernière vollonté ; laquelle lecture
luy a esté faicte de mot à mot et de mot à autre, nettement et
intelligiblement, pour seconde fois, qui l'a dit bien sçavoir et
entendre et estre ses derniers sentimens, se repousant au surplus du tout en Dieu pour disposer de luy ainsy qu'il luy
plaira, promettant, etc., obligeant, etc., renonçant, etc.

Fait et passé en l'abbaye royalle dudit St Séverin, en la
chambre et au chevet du lict dudit seigneur testateur, en présence de honnestes personnes Alexandre Petit, m^e chirurgien,
et François Revollat, huissier royal, demeurans à Chasteaulandon, tesmoings à ce appellés, qui ont avec ledit seigneur
testateur et notaire signé ces présentes ledit jour 8e avril mil
six cens quatre vingt dix huict, après midy, environ trois
heures et demie du soir.

De Loménie   Revolat.
Brienne.   Petit.

M. Pelletier.

Controllé à Chasteaulandon ce 15e avril 1698. Reçu dix livres.
(Signé : Le Rat.)

SIGNATURES DU TESTAMENT DE LOUIS-HENRI DE LOMÉNIE DE BRIENNE.

~~~~~~~~~~

ACHEVÉ D'IMPRIMER

Le trente Novembre mil neuf cent six

Par Maurice BOURGES

Imprimeur breveté, à Fontainebleau.

~~~~~~~~~~

(Extrait des *Annales de la Société historique et archéologique
du Gâtinais*, année 1906).